English G 21

A1

Vokabeltaschenbuch

Cornelsen

Das **Vocabulary** (Vokabelverzeichnis) enthält alle Wörter und Wendungen, die du lernen musst.
Sie stehen in der Reihenfolge, in der sie in den Units vorkommen.

So ist das Vocabulary aufgebaut:

- Hier siehst du, wo die Wörter vorkommen.
  p. 20/A 2 = Seite 20, Abschnitt 2 → p.20/A2 **wrong** [rɒŋ]
  p. 27/P 7 = Seite 27, Übung 7 → p.27/P7 **our** ['aʊə

- Die Lautschrift zeigt dir, wie ein Wort ausgesprochen und betont wird. (→ Englische Laute: S. 4) → **windy** ['wɪndi]

- Eingerückte Wörter lernst du am besten zusammen mit dem vorausgehenden Wort, weil die beiden zusammengehören. → **wind** [wɪnd]

- Diese Kästen solltest du dir besonders gut ansehen.
  you – I / me
  you
  1. du **You** can sing.
  2. dich I can see **you**.

- In diesen Kästen findest du Wörter und Wendungen, die du sicher schon aus deinem bisherigen Englischunterricht kennst.
  Remember?
  Du kennst bestimmt auch schon
  At school

Abkürzungen / Symbole

p.	=	page (Seite)
pp.	=	pages (Seiten)
pl	=	*plural* (Mehrzahl)
no pl	=	*no plural*
jn.	=	jemanden
jm.	=	jemandem

◄► ist das „Gegenteil"-Zeichen. Beispiel:
full ◄► empty
(**full** ist das Gegenteil von **empty**)

! Hier stehen Hinweise auf Besonderheiten, bei denen man leicht Fehler machen kann.

English sounds (Englische Laute)

Die Lautschrift in den eckigen Klammern zeigt dir, wie ein Wort ausgesprochen und betont wird.
In der folgenden Übersicht findest du alle Lautzeichen.

Vokale (Selbstlaute)

[iː]	gr**ee**n	[ɔː]	m**or**ning	[aɪ]	t**i**me
[i]	happ**y**	[uː]	bl**ue**	[ɔɪ]	b**oy**
[ɪ]	**i**n	[ʊ]	b**oo**k	[əʊ]	**o**ld
[e]	y**e**s	[ʌ]	m**u**m	[aʊ]	n**ow**
[æ]	bl**a**ck	[ɜː]	T-sh**ir**t	[ɪə]	h**ere**
[ɑː]	p**ar**k	[ə]	**a** partn**er**	[eə]	wh**ere**
[ɒ]	s**o**ng	[eɪ]	sk**a**te	[ʊə]	t**our**

Konsonanten (Mitlaute)

[b]	**b**ox	[ŋ]	si**ng**	[z]	plea**s**e
[p]	**p**lay	[l]	he**ll**o	[ʃ]	**sh**op
[d]	**d**a**d**	[r]	**r**ed	[ʒ]	televi**s**ion
[t]	**t**en	[w]	**w**e	[tʃ]	tea**ch**er
[g]	**g**ood	[j]	**y**ou	[dʒ]	**G**ermany
[k]	**c**at	[f]	**f**ull	[θ]	**th**anks
[m]	**m**u**m**	[v]	**v**ery	[ð]	**th**is
[n]	**n**o	[s]	**s**i**s**ter	[h]	**h**e

Tipp

Am besten kannst du dir die Aussprache der einzelnen Lautzeichen einprägen, wenn du dir zu jedem Zeichen ein einfaches Wort merkst – das [iː] ist der **green**-Laut, das [eɪ] ist der **skate**-Laut usw.

Betonung

['] und [ˌ] sind **Betonungszeichen**.
Sie stehen immer vor der betonten Silbe.

['] zeigt die Hauptbetonung,
[ˌ] zeigt die Nebenbetonung.

Beispiel:
mobile phone [ˌməʊbaɪl 'fəʊn]
Hauptbetonung auf **phone**,
Nebenbetonung auf der ersten Silbe: **mobile**

Der „Bindebogen"

Der **Bindebogen** [‿] zeigt an, dass zwei Wörter beim Sprechen aneinandergebunden und wie ein Wort gesprochen werden.

Beispiele:
What colour is ...? [ˌwɒt 'kʌlər‿ɪz]
Mum and Dad [ˌmʌm‿ən 'dæd]
This is ... ['ðɪs‿ɪz]

‘Hello’ and ‘Welcome’

Remember? (Erinnerst du dich?)

pp. 6–8 Du kennst bestimmt schon viele englische Wörter und Sätze. Hier sind einige, die dir sicher schon begegnet sind:

Hi, I’m Tatjana.	Hallo, ich bin Tatjana.
What’s your name?	Wie heißt du?
– Hello. My name is …	– Hallo. Ich heiße … / Mein Name ist …
Where are you from?	Wo kommst du her?
– I’m from …	– Ich komme aus … / Ich bin aus …
My mum and dad are from …	Meine Mutter und mein Vater kommen aus …
How old are you?	Wie alt bist du?
– I’m … years old.	– Ich bin … Jahre alt.
I’ve got a brother and a sister.	Ich habe einen Bruder und eine Schwester.
We live in Frankfurt, in … Street.	Wir wohnen in Frankfurt, in der …straße.
My favourite colour is …	Meine Lieblingsfarbe ist …
I like apples.	Ich mag Äpfel.
I don’t like bananas.	Ich mag keine Bananen. / Ich mag Bananen nicht.
Can you sing a song in English?	Kannst du ein Lied auf Englisch singen?
– Yes, I can. / No, I can’t.	– Ja, kann ich. / Nein, kann ich nicht.

p. 6	**pretty** ['prɪti]	hübsch	
	What about you? [ˌwɒt‿əˌbaʊt 'juː]	Und du? / Was ist mit dir?	I’m from Bristol in England. **What about you?**
p. 8	**Welcome (to Bristol).** ['welkəm]	Willkommen (in Bristol).	
	I can talk to … [tɔːk]	ich kann mit … reden / ich kann mich mit … unterhalten	

my partner ['pɑːtnə]	mein Partner / meine Partnerin	

Aussprache

Wie ein englisches Wort ausgesprochen wird, zeigt dir die **Lautschrift**. Sie steht in eckigen Klammern:

- **welcome** ['welkəm]
- **talk** [tɔːk]
- **partner** ['pɑːtnə]

Zwei Dinge kannst du an diesen Beispielen sehen:
Erstens werden englische Wörter oft anders ausgesprochen, als man denkt.
Zweitens enthält die Lautschrift auch ein paar „komische" Zeichen wie [ə], [ɔː] oder [ɑː]:
[ə] ist ein schwaches „e" wie am Ende von „bitt**e**".
[ɔː] kennst du aus dem Wort „baseb**a**ll".
[ɑː] ist ein langes „a" wie in „Kr**a**m".

→ Übersicht über die englischen Laute und Lautschriftzeichen: S.4

this is ['ðɪs‿ɪz]	dies ist	[ð] gibt es im Deutschen nicht. Der Laut klingt etwa so, als ob jemand die weichen „s"-Laute in „**S**en**s**e" lispelt.
he's [hiːz]	er ist	= he is [z] ist ein weiches „s" wie in „le**s**en".
she's [ʃiːz]	sie ist	= she is [ʃ] klingt wie das „sch" in „**sch**ön".
from Bristol **too** [tuː]	auch aus Bristol	! **too** steht am Ende des Satzes.
new [njuː]	neu	new ◄► old
with [wɪð]	mit	
his [hɪz]	sein, seine	

twin brother ['twɪn brʌðə]	Zwillingsbruder	Dan is Jo's **twin brother**. Dan and Jo are **twins**. [ʌ] klingt ähnlich wie das kurze „a" in „K**a**mm".
they're [ðeə] **= they are** [ðeɪ‿ɑː]	sie sind	This is Jo.  This is Dan. **They're** twins.
I can talk about ... [ə'baʊt]	ich kann über ... reden	[aʊ] klingt wie das „au" in „bl**au**".
page [peɪdʒ]	(Buch-, Heft-)Seite	Abkürzung: **p.** 5 = **page** 5 • **pp.** 5–7 = **pages** 5–7 *Latin:* pagina; *French:* la page

Remember?

p. 9 Erinnerst du dich an diese Wörter aus deinem bisherigen Englischunterricht?

boys

girls

numbers

Listen to the band!

He is happy.

She is not happy.

trees

Remember?

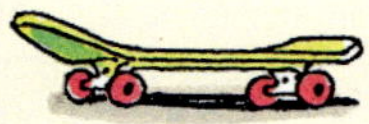

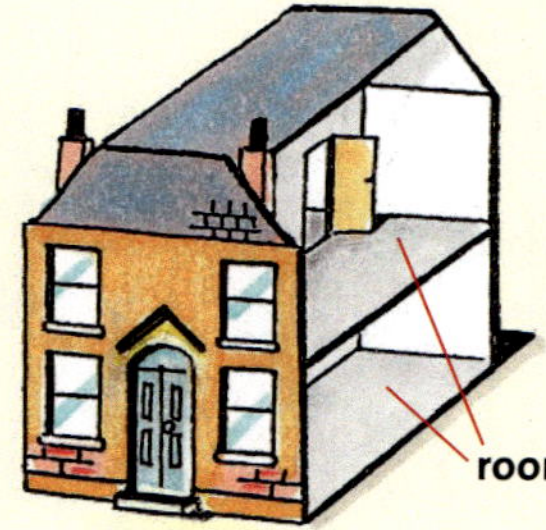

it's [ɪts]	er/sie/es ist	= it is
a great place [ə greɪt 'pleɪs]	ein großartiger Ort/Platz, ein toller Ort/Platz	
I can see a ... [siː]	ich kann ein/eine ... sehen	[s] ist ein hartes, scharfes „s" wie in „lassen".
photo ['fəʊtəʊ]	Foto	! **auf** dem Foto = **in** the photo
kite [kaɪt]	Drachen	[aɪ] klingt wie das „ei" in „Kleid".
p.10 **Park Road** [ˌpɑːk 'rəʊd]	Parkstraße	

Betonung

['] und [ˌ] sind Betonungszeichen.
Sie stehen immer vor der betonten Silbe.

['] zeigt die Hauptbetonung,
[ˌ] zeigt die Nebenbetonung.

Betonungszeichen helfen, die Wörter richtig zu betonen:
– Im Deutschen heißt es ***Park**straße*.
– Im Englischen sagt man *Park **Road*** [ˌpɑːk 'rəʊd]
(Hauptbetonung auf dem Wort „road“).

when [wen]	wenn	Are you happy **when** the house is empty?
empty ['empti]	leer	
full [fʊl]	voll	full ◄► empty 
I close ... [kləʊz]	ich schließe ... / ich mache ... zu	
thing [θɪŋ]	Ding, Sache	
I open ... ['əʊpən]	ich öffne ... / ich mache ... auf	open ◄► close
I push ... [pʊʃ]	ich drücke ... / ich schiebe ... / ich stoße ...	 
I pull ... [pʊl]	ich ziehe ...	push ◄► pull
I drop ... [drɒp]	ich lasse ... fallen	[ɒ] klingt wie das „o“ in „B**o**ck“ oder „d**o**ch“.
then [ðen]	dann, danach	
I laugh [lɑːf]	ich lache	

you – I / me

you

1. **du** — **You** can sing. = **Du** kannst singen.
2. **dich** — I can see **you**. = Ich kann **dich** sehen.
3. **dir** — I can play with **you**. = Ich kann mit **dir** spielen.

I / me

1. **ich** — **I** can sing. = **Ich** kann singen.
2. **mich** — Can you see **me**? = Kannst du **mich** sehen?
3. **mir** — Play with **me**. = Spiel mit **mir**.

you look [lʊk]	du schaust / du guckst	
but [bət, bʌt]	aber	Sophie is a girl, **but** Jack is a boy.
You can't find me. [faɪnd]	Du kannst mich nicht finden.	
That's me. [ˌðæts 'miː]	Das bin ich.	
p. 11 **I think** [θɪŋk]	ich glaube / ich meine / ich denke	[θ] gibt es im Deutschen nicht. Der Laut klingt etwa so, als ob jemand den harten „s"-Laut in „be**ss**er" lispelt. [ŋ] ist wie „ng" in „Di**ng**" oder das „n" in „pi**n**k".
That's right. [ˌðæts 'raɪt]	Das ist richtig. / Das stimmt.	
very nice [ˌveri 'naɪs]	sehr schön, sehr nett	! Das englische „v" wird wie in „Vampir" und „Vase" gesprochen – nicht wie in „Vater"!
You can take the baby. [teɪk]	Du kannst das Baby nehmen.	

	You can help me. [help]	Du kannst mir helfen.	
	in here [ɪn 'hɪə]	hier drinnen	
	Who are you? [huː]	Wer bist du?	
	there [ðeə]	da, dort	
	picture ['pɪktʃə]	Bild	! **<u>auf</u>** dem Bild = **<u>in</u>** the picture *Latin:* pictura [tʃ] klingt wie „tsch" in „**tsch**üs".
p. 12	**at 7 Hamilton Street** [striːt]	in der Hamiltonstraße 7	
	their father / their mother [ðeə]	ihr Vater / ihre Mutter	Dan and Jo and **their** father 
	today [tə'deɪ]	heute	
	the last day [ˌlɑːst 'deɪ]	der letzte Tag	
	of the summer holidays [əv ðə ˌsʌmə 'hɒlədeɪz]	der Sommerferien	
	Sorry, I'm late. ['sɒri], [leɪt]	Entschuldigung, dass ich zu spät bin/komme.	
	shopping list ['ʃɒpɪŋ lɪst]	Einkaufsliste	
	Let's look at the list. [lets]	Sehen wir uns die Liste an. / Lasst uns die Liste ansehen.	
	you need ... [niːd]	du brauchst ... / du benötigst ...	

Remember?

Du kennst bestimmt auch schon viele englische Wörter zu den Themen „Schule“ und „Familie“:

At school (In der Schule)

a pencil case

a school bag

a felt tip

a pencil

a glue stick

a pen

a rubber

a ruler

a classroom

A family[1]

Mr[2] Scott, the father (dad)

Mrs[3] Scott, the mother (mum)

Sally Scott, Philip's sister

Philip Scott, Sally's brother

Their pets: Bob, the dog

Bella, the cat

Their friends: Jennifer Ray

Robbie Carter

The Scotts live in Bristol.
Die Scotts leben/wohnen in Bristol.

[1] a family – two families • [2] Mr ['mɪstə] • [3] Mrs ['mɪsɪz]

Me too. [tuː]	Ich auch.	I need a new school bag. – **Me too.**
pencil sharpener ['pensl ʃɑːpnə]	Bleistiftanspitzer	a **pencil sharpener** 
exercise book ['eksəsaɪz bʊk]	Schulheft, Übungsheft	
exercise ['eksəsaɪz]	Übung, Aufgabe	*Latin:* exercitium; *French:* l'exercice *(m)*
for school [fə, fɔː]	für die Schule	I need a glue stick **for school**, Dad.
Let's go. [ˌlets 'gəʊ]	Auf geht's! (*wörtlich:* Lass uns gehen.)	
you two	ihr zwei	
I can say ... [seɪ]	ich kann ... sagen	

Remember?

p.13

What colour is ...? [ˌwɒt ˈkʌlər‿ɪz]	Welche Farbe hat ...?	**What colour is** your pencil? – It's green. And **what colour is** your school bag? – It's red. *Latin:* color; *French:* la couleur.

Aussprache

Der **Bindebogen** [‿] zeigt an, dass zwei Wörter beim Sprechen aneinandergebunden und wie ein Wort gesprochen werden.

What colour is ...? [ˌwɒt ˈkʌlər‿ɪz]
Mum and Dad [ˌmʌm‿ən ˈdæd]
This is ... [ˈðɪs‿ɪz]

now [naʊ]	nun, jetzt	*Latin:* nunc
plate [pleɪt]	Teller	a **plate** 
Oh well ... [əʊ ˈwel]	Na ja ... / Na gut ...	

Remember?

p. 14

The days of the week

It's Monday morning ...

	flat [flæt]	Wohnung	
	over the shop [ˌəʊvə ðə ˈʃɒp]	über dem Laden / über dem Geschäft	
	Well, ... [wel]	Nun, ... / Also, ...	**Well,** is your new school nice?
	uniform [ˈjuːnɪfɔːm]	Uniform	*French:* l'uniforme *(m)*
	tomorrow [təˈmɒrəʊ]	morgen	
	the first day [fɜːst]	der erste Tag	[ɜː] kennst du aus dem Wort „T-Sh**ir**t".
	at the new school	an/auf der neuen Schule	
	Stop that! [ˈstɒp ðæt]	Hör auf damit! / Lass das!	
	You can go to the shop. [gəʊ]	Du kannst zum Laden gehen.	
	Why me? [waɪ]	Warum ich?	You can help your father now. – **Why me?**
	poem [ˈpəʊɪm]	Gedicht	*Latin:* poema; *French:* le poème
	week [wiːk]	Woche	
p.15	**newspaper** [ˈnjuːspeɪpə]	Zeitung	
	I can have breakfast. [həv ˈbrekfəst]	Ich kann frühstücken.	
	o [əʊ], **zero** [ˈzɪərəʊ]	null	**!** Wenn man seine Telefonnummer sagt, benutzt man **o** [əʊ]: 5 0 7 9 ... = five **o** seven nine ...

double ['dʌbl]	zweimal, doppelt, Doppel-	My phone number is 5 0 7 9 3 3 2. (five o seven nine **double** three two)
I can do tricks. [duː 'trɪks]	Ich kann (Zauber-)Kunststücke (machen).	
p.16 **Bed and Breakfast (B&B)** [ˌbed‿ən 'brekfəst]	Frühstückspension (*wörtlich:* Bett und Frühstück)	
parrot ['pærət]	Papagei	
They welcome you to ...	Sie heißen dich in ... willkommen	
wheelchair ['wiːltʃeə]	Rollstuhl	[eə] kennst du aus dem Wort „f**ai**r".
at work [wɜːk]	bei der Arbeit / am Arbeitsplatz	
Good luck (with ...)! [ˌgʊd 'lʌk]	Viel Glück (bei/mit ...)!	
Excuse me, ... [ɪk'skjuːz miː]	Entschuldigung, ... / Entschuldigen Sie, ...	*Latin:* excusa *(sing)*; *French:* Excusez-moi, ...

„Entschuldigung"

Excuse me, ...
sagt man, wenn man jemanden anspricht,
z.B. wenn man um etwas bittet:
Excuse me, what's the time, please?

Sorry, ...
sagt man, wenn man sich für etwas entschuldigen möchte:
Sorry, I'm late.

trip [trɪp]	Reise; Ausflug

back to Germany [ˌbæk tə ˈdʒɜːməni] — zurück nach Deutschland — [dʒ] kennst du aus „Job“ und „Jeans“.

Remember?

p. 17

What's the time? (Wie spät ist es?)

It's eleven o'clock.	**It's quarter past 11.** (*oder:* **11.15**)	**It's half past 11.** (*oder:* **11.30**)	**It's quarter to 12.** (*oder:* **11.45**)

to  **past**

! 

Englisch: **half past 11**
Deutsch: **halb zwölf**

You're welcome. — Gern geschehen. / Nichts zu danken.

welcome

• Wenn du jemanden willkommen heißen willst:	**Welcome to** Germany!	**Willkommen in** Deutschland!
• Wenn sich jemand bei dir bedankt hat:	*A:* What's the time, please? *B:* Half past seven. *A:* Thank you. *B:* **You're welcome.**	*A:* Wie spät ist es, bitte? *B:* Halb acht. *A:* Danke. *B:* **Bitte, gern geschehen. / Nichts zu danken.**

! Nie: **Thank you. – ~~Please.~~** Sondern: **Thank you. – You're welcome.**

Unit 1: New school, new friends

Remember?

p.18

Hier sind wieder einige Wörter, die du wahrscheinlich schon kennst.

lots of ['lɒts‿əv]	eine Menge, viele, viel	
comic ['kɒmɪk]	Comic-Heft	I've got **lots of comics.**
marmalade ['mɑːməleɪd]	Orangenmarmelade	! Deutsch: Marm<u>e</u>lade – Englisch: marm<u>a</u>lade
there's [ðəz, ðeəz]	es ist (vorhanden); es gibt	= there is
there are ['ðər‿ə, 'ðeər‿ɑː]	es sind (vorhanden); es gibt	

There's ... / There are ...

Du kennst bereits **there** (= „da, dort"): **That's your room there.**

Mit **There's ...** und **There are ...** kannst du ausdrücken, ob etwas vorhanden ist oder nicht. Im Deutschen sagt man meist „Es gibt ..." oder „Es ist/sind ...".

There's a football in my photo. But **there isn't a** skateboard in my photo.	Auf meinem Foto **ist ein** Fußball. Aber **es ist kein** Skateboard auf meinem Foto.
Are there skateboards in your photo? – Yes, **there are.** / No, **there aren't.**	**Gibt es** Skateboards auf deinem Foto? – Ja (, **gibt es**). / Nein (, **gibt es nicht**).
There are three books on the table.	**Es sind/Es liegen** drei Bücher auf dem Tisch.

! Nie: ~~**It gives**~~ ..., sondern immer: **There's ... / There are ...**

p.19	**in the morning**	am Morgen, morgens	
	word [wɜːd]	Wort	
	box [bɒks]	Kasten, Kästchen, Kiste	
	milk [mɪlk]	Milch	
	mobile phone [ˌməʊbaɪl ˈfəʊn]	Mobiltelefon, Handy	**!** Deutsch: **Handy** Englisch: **mobile phone** oder **mobile**
p.20/A1	**before** [bɪˈfɔː]	vor *(zeitlich)*	
	lessons [ˈlesnz]	Unterricht	

	lesson ['lesn]	(Unterrichts-)Stunde	*Latin:* lectio; *French:* la leçon
	student ['stjuːdənt]	Schüler/in; Student/in	! Betonung auf der 1. Silbe: **student** ['stjuːdənt]
	nervous ['nɜːvəs]	nervös, aufgeregt	! Betonung auf der 1. Silbe: **nervous** ['nɜːvəs]
	first [fɜːst]	zuerst, als Erstes	
	clever ['klevə]	klug, schlau	
	mad [mæd]	verrückt	
	Don't listen to Dan. [dəʊnt]	Hör nicht / Hört nicht auf Dan.	
	Come. [kʌm]	Komm. / Kommt.	
	Sit with me. [sɪt]	Setz dich / Setzt euch zu mir.	
p. 20/A 2	**wrong** [rɒŋ]	falsch, verkehrt	That's wrong. ◄► That's right.
	(It's) my turn. [tɜːn]	Ich bin dran / an der Reihe.	First it's **my turn**, then it's **your turn**.
p. 21/A 3	**our** ['aʊə]	unser, unsere	We're twins. **Our** names are Dan and Jo.
	her [hə, hɜː]	ihr, ihre	Ananda is from Bristol. **Her** dad is from Uganda.
	together [tə'geðə]	zusammen	
	I'm sorry.	Entschuldigung. / Tut mir leid.	

sorry

Mit **sorry** kannst du ...

• dich entschuldigen:	**Sorry,** I'm late.	**Entschuldigung**, dass ich zu spät komme.
• sagen, dass dir etwas leid tut:	My mum and dad aren't together. – Oh, **I'm sorry**.	Meine Mutter und mein Vater sind nicht zusammen. – Oh, **das tut mir leid**.
• nachfragen, wenn du etwas nicht richtig verstanden hast:	It's eleven o'clock. – **Sorry?**	Es ist elf Uhr. – **Wie bitte?**

teacher ['tiːtʃə] Lehrer/Lehrerin Mr Keller is my English **teacher**.

Remember?

p. 22

p. 22/A 6 **Meet Mr Kingsley.** [miːt] Lerne Mr Kingsley kennen. / Triff Mr Kingsley.

form [fɔːm] (Schul-)Klasse Ananda is in **Form** 7PK.

	Tell me your names. [tel]	Sagt mir eure Namen.	**Tell** your teacher **about** your pets. (= Erzähle ... von ... / Berichte ... über ...)
	PE [ˌpiː‿'iː]	Sportunterricht, Turnen	
	enough [ɪ'nʌf]	genug	
	quiet ['kwaɪət]	leise, still, ruhig	*Latin:* quietus
	joke [dʒəʊk]	Witz	Can you tell me a **joke**? I like **jokes**. *Latin:* iocus
	bad [bæd]	schlecht, schlimm	bad ◄► good
	Can you remember that? [rɪ'membə]	Kannst du dir das merken?	
p.22/A8	**alphabet** ['ælfəbet]	Alphabet	! Betonung auf der 1. Silbe: **<u>al</u>phabet** ['ælfəbet]
	Throw a ball. [θrəʊ]	Wirf einen Ball.	
	Climb a tree. [klaɪm]	Klettere auf einen Baum.	Can cats **climb** trees? – Yes, they can. ! Das „b" wird nicht gesprochen: **climb** [klaɪm].
	Write ... [raɪt]	Schreibe ...	
	Do what I do. [duː]	Tue, was ich tue.	
p.23/A10	**timetable** ['taɪmteɪbl]	Stundenplan	
	Take out ... [ˌteɪk‿'aʊt]	Nehmt ... heraus	**Take out** your English books, please.
	Write down ... [ˌraɪt 'daʊn]	Schreibt ... auf	
	at 8.45 [ət, æt]	um 8.45	

on Tuesday am Dienstag

on

The first lesson **on Tuesday** is English.	Die erste Stunde **am** Dienstag ist Englisch.
Write the words **on the board**, please.	Schreib die Wörter **an** die Tafel, bitte.
Write your names **on your exercise books**, please.	Schreibt eure Namen **auf** eure Hefte, bitte.
Your ruler is **on your chair**.	Dein Lineal liegt **auf** deinem Stuhl.
Look at the pictures **on page 24**.	Seht euch die Bilder **auf** Seite 24 an.

with [wɪð] bei

! **with** = **1.** mit – Look, there's Jo **with** his brother.
2. bei – It's English **with** Mr Kingsley.

School subjects[1]

Art [ɑːt]	Kunst
Biology [baɪ'ɒlədʒi]	Biologie
Drama ['drɑːmə]	Schauspiel, darstellende Kunst
French [frentʃ]	Französisch
Geography [dʒi'ɒgrəfi]	Geografie, Erdkunde
German ['dʒɜːmən]	Deutsch
History ['hɪstri]	Geschichte
Maths [mæθs]	Mathematik
Music ['mjuːzɪk]	Musik
PE[2] [ˌpiː‿'iː]	Sportunterricht, Turnen
RE[3] [ˌɑːr‿'iː]	Religion, Religionsunterricht
Science ['saɪəns]	Naturwissenschaft

[1] ['sʌbdʒɪkts] Schulfächer [2] Physical Education [ˌfɪzɪkəl‿edʒu'keɪʃn] [3] Religious Education [rɪˌlɪdʒəs‿edʒu'keɪʃn]

Spell ... [spel] Buchstabiere ...

after ['ɑːftə] nach *(zeitlich)* after school ◄► before school

	break [breɪk]	Pause	Morning **break** is at 10.45 at Cotham School.
p.23/A11	**lunch** [lʌntʃ]	Mittagessen	**Lunch** is at 1.05.
p.24/A13	**food** [fu:d]	Essen; Lebensmittel	
	really ['rɪəli]	wirklich	
	I haven't got a chair. ['hævnt gɒt]	Ich habe keinen Stuhl.	I've got a sister, but **I haven't got a** brother.

at

Let's sit **at that table** there.	Setzen wir uns **an** den Tisch dort.
Look **at the board**, please.	Seht **an** die Tafel, bitte.
Let's look **at the list** now.	Sehen wir uns jetzt mal die Liste **an**.
The Shaws live **at 7 Hamilton Street**.	... **in** der Hamiltonstraße 7
Jo and Dan are **at school**, and Mrs Hanson is **at work**.	... **in** der Schule, ... **bei** der Arbeit
At 8.45 it's English with Mr Kingsley.	**Um** 8.45 ...

bank robber ['bæŋk ˌrɒbə]	Bankräuber/in	
all [ɔ:l]	alle; alles	Sophie, Ananda, Jack – they're **all** in Form 7PK. We need pens, felt tips and pencils. That's **all**.
like [laɪk]	wie	My pencil case is **like** your pencil case.

	him [hɪm]	ihn; ihm	! **him** = **1.** ihn – There's Jack. Can you see **him**? **2.** ihm – Let's help **him**.
	idea [aɪ'dɪə]	Idee, Einfall	[ɪə] klingt wie das „ier" in „h**ier**".
	What have we got next? [nekst]	Was haben wir als Nächstes?	
p.24/A14	**boring** ['bɔːrɪŋ]	langweilig	
	class [klɑːs]	(Schul-)Klasse	I'm in **class** 5. *Latin:* classis; *French:* la classe
	I hate ... [heɪt]	ich hasse, ich mag ... nicht	I like cats, but **I hate** dogs.
p.25/P1	**different (from)** ['dɪfrənt]	verschieden, unterschiedlich; anders (als)	! anders **als** = different **from**: Cats are **different from** dogs. Cats can climb. *Latin:* differens; *French:* différent, e

Classroom English

p.28/P9	Can we +work with a partner?	Können wir mit einem Partner/einer Partnerin arbeiten?
	+What page are we on, please?	Auf welcher Seite sind wir, bitte?
	+What's for homework? ['həʊmwɜːk]	Was haben wir als Hausaufgabe auf?
	Sorry, +I haven't got my exercise book.	Entschuldigung, ich habe mein Heft nicht dabei.
	Can I help you with the +worksheets? ['wɜːkʃiːts]	Kann ich dir bei den Arbeitsblättern helfen?
	Write +sentences in your exercise book. ['sentənsɪz]	Schreibt Sätze in euer Heft.
	Can I open/close the +window, please? ['wɪndəʊ]	Kann ich bitte das Fenster öffnen/schließen?
	Can I go to the +toilet, please? ['tɔɪlət]	Darf ich zur Toilette gehen, bitte?

+ = new words

	or [ɔː]	oder	Is Sophie in Form 7PK **or** in Form 7BW?

p.30/P14	**sound** [saʊnd]	Laut	*Latin:* sonus; *French:* le son

How’s the new school?

p.32	**end** [end]	Ende	
	Hurry up. [ˌhʌri‿ˈʌp]	Beeil dich.	
	poor Sophie [pɔː, pʊə]	(die) arme Sophie	[ʊə] klingt wie das „ur“ in „K**ur**“.
	Come in. [ˌkʌm‿ˈɪn]	Komm rein/herein.	
	everything [ˈevriθɪŋ]	alles	
	tea [tiː]	Tee; *(auch:) leichte Nachmittags- oder Abendmahlzeit*	
	classmate [ˈklɑːsmeɪt]	Klassenkamerad/in, Mitschüler/in	
p.33	How **was ...?** [wəz, wɒz]	Wie war ...?	How **was** the first day at your new school?
	world [wɜːld]	Welt	
	See you.	Bis bald. / Tschüs.	
	Go on. [ˌgəʊ‿ˈɒn]	Mach weiter. / Erzähl weiter.	
	a packet of mints [ˌpækɪt‿əv ˈmɪnts]	ein Päckchen/eine Packung Pfefferminzbonbons	! Betonung auf der 1. Silbe: **packet** [ˈpækɪt]
	little [ˈlɪtl]	klein	
	Bye. [baɪ]	Tschüs!	Bye./Goodbye. ◄► Hi./Hello.

more [mɔː]	mehr	
Dilip likes ...	Dilip mag ...	I like tennis, and my brother **likes** football.
her [hə, hɜː]	sie; ihr	! **her** = **1.** sie – There's Sophie. I can see **her**. **2.** ihr – Let's help **her**. **3.** ihr, ihre – There's Ananda and **her** dad. Where's **her** mum?
He likes her **a lot.** [ə 'lɒt]	Er mag sie sehr.	

Topic 1: Make a birthday calendar

Remember?

p.35

The months[1] of the year
[1] [mʌnθs]

1 January ['dʒænjuəri]
2 February ['februəri]
3 March [mɑːtʃ]
4 April ['eɪprəl]
5 May [meɪ]
6 June [dʒuːn]
7 July [dʒu'laɪ]
8 August ['ɔːgəst]
9 September [sep'tembə]
10 October [ɒk'təʊbə]
11 November [nəʊ'vembə]
12 December [dɪ'sembə]

Make a calendar. [ˌmeɪk‿ə ˈkælɪndə]	Mache/Baue einen Kalender.	Let's **make a calendar** for our classroom. ❗ Deutsch: <u>K</u>alend<u>e</u>r – Englisch: <u>c</u>alend<u>a</u>r
birthday [ˈbɜːθdeɪ]	Geburtstag	❗ Deutsch: Ich **habe** im Mai Geburtstag. Englisch: My birthday **is** in May. (Nicht: ~~I've got birthday~~ ... / ~~I have birthday~~ ...)
when?	wann?	❗ **when** = **1.** wann; **2.** wenn

birthdays

My birthday **is** in May. **When's** your birthday? – Ich **habe** im Mai Geburtstag. **Wann hast** du Geburtstag?

– My birthday is in June. **On** 13th June. – Ich habe im Juni Geburtstag. **Am** 13. Juni.

❗ Du schreibst: **on 13th June** – Du sagst: **on <u>the</u> thirteenth <u>of</u> June**

date [deɪt]	Datum	*Latin:* data *(pl)*; *French:* la date

Unit 2: A weekend at home

p.36 **weekend** [ˌwiːkˈend]	Wochenende	
at home [ət ˈhəʊm]	daheim, zu Hause	

home

Dan is **at home**. — Dan ist **zu Hause**.
Jo, **come home**! — Jo, komm **nach Hause**!
Go home now. — Geh jetzt **nach Hause**.

Remember?

[1] [ʃelf] • [2] [ʃelvz]

I **share** a room **with ...** [ʃeə]	Ich teile mir ein Zimmer mit ...	
people ['pi:pl]	Menschen, Leute	*Latin:* populus
garden ['gɑ:dn]	Garten	! Deutsch: Gar**t**en – Englisch: gar**d**en
desk [desk]	Schreibtisch	

Remember?

p.37

[1] [maɪs] • [2] [maʊs] • [3] ['gɪni pɪg]

	hutch [hʌtʃ]	(Kaninchen-)Stall	
	basket ['bɑːskɪt]	Korb	
	cage [keɪdʒ]	Käfig	
	budgie ['bʌdʒi]	Wellensittich	
	tortoise ['tɔːtəs]	Schildkröte	
p.38	**I can act** the song. [ækt]	Ich kann das Lied aufführen.	
p.38/A1	**afternoon** [ˌɑːftə'nuːn]	Nachmittag	
	plan [plæn]	Plan	
	essay (about, on) ['eseɪ]	Aufsatz (über)	Write an **essay about** Bristol.

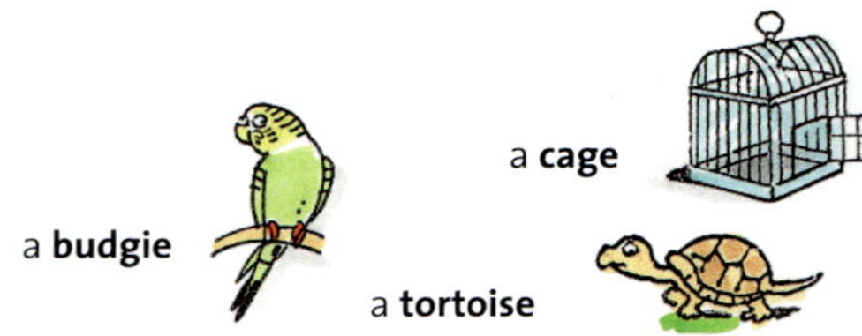

The day: morning – afternoon – evening – night

morning ['mɔːnɪŋ]	Morgen, Vormittag	**evening** ['iːvnɪŋ]	Abend
afternoon [ˌɑːftə'nuːn]	Nachmittag	**night** [naɪt]	Nacht, später Abend

in the morning	morgens, am Morgen	**on Friday morning**	freitagmorgens, am Freitagmorgen
in the afternoon	nachmittags, am Nachmittag	**on Friday afternoon**	freitagnachmittags, am Freitagnachmittag
in the evening	abends, am Abend	**on Friday evening**	freitagabends, am Freitagabend
! **at night**	nachts, in der Nacht	**on Friday night**	freitagnachts, Freitagnacht
at the weekend	am Wochenende		

life [laɪf], *pl* **lives** [laɪvz]	Leben	! **life** in Bristol [laɪf] – **das Leben** in Bristol We **live** in ... [lɪv] – Wir **leben/wohnen** in ...
easy ['iːzi]	leicht, einfach	
difficult ['dɪfɪkəlt]	schwierig, schwer	*Latin:* difficilis; *French:* difficile
I **get up** at ... [ˌget‿'ʌp]	ich stehe um ... auf	
(to)* **get up**	aufstehen	
every ['evri]	jeder, jede, jedes	I get up at 6.45 **every** morning.
I clean my teeth. [kliːn], [tiːθ]	Ich putze mir die Zähne.	**Clean your teeth**, Jack. Dan, can you **clean** the bathroom, please?

* Mit dem vorangestellten **(to)** kennzeichnen wir den Infinitiv (die Grundform) des Verbs.

tooth [tu:θ], *pl* **teeth** [ti:θ]	Zahn	one **tooth**  lots of **teeth** 
(to) **sleep** [sli:p]	schlafen	
I **wash my hands.** [wɒʃ]	Ich wasche mir die Hände.	**Wash your hands**, Jack. Dan, can you **wash** the car, please?
bus [bʌs]	Bus	a **bus**  *French:* le bus
(to) **read** [ri:d]	lesen	
p.39/A2 (to) **get dressed** [ˌget 'drest]	sich anziehen	First I clean my teeth, then I **get dressed.**
(to) **tidy** ['taɪdi]	aufräumen	At the weekends I **tidy** my room.
(to) **give** [gɪv]	geben	
(to) **feed** [fi:d]	füttern	
meat [mi:t]	Fleisch	Dogs eat **meat**.
(to) **drink** [drɪŋk]	trinken	
bowl [bəʊl]	Schüssel; *hier:* Fressnapf	a **bowl**  a goldfish **bowl**
everywhere ['evriweə]	überall	Oh no, now there's water **everywhere**.

carrot ['kærət]	Möhre, Karotte	**!** Betonung auf der 1. Silbe: **carrot** ['kærət]
sometimes ['sʌmtaɪmz]	manchmal	
(to) **try to do** [traɪ]	versuchen, zu tun	Let's **try to play** my new game. (*or:* Let's **try and play** my new game.)
(to) **put** [pʊt]	legen, stellen, *(etwas wohin)* tun	**Put** all the photos in the box. 

here – there – where

	Ort		**Richtung**	
here	**Here**'s Dan.	**hier**	Come **here**, Jo.	**hierher**
there	**There**'s the ball.	**da, dort**	Paul Road is nice. Let's go **there**.	**dahin, dorthin**
where	**Where**'s Sheeba?	**wo?**	**Where** can we put the basket?	**wohin?**

after that	danach	First I feed the pets. **After that** I have my breakfast.
food [fuːd]	Futter	**!** **food** = **1.** Essen, Lebensmittel; **2.** Futter
(to) **watch** [wɒtʃ]	beobachten, sich *etwas* ansehen; zusehen	
(to) **watch TV** [tiː'viː]	fernsehen	TV = television ['telɪvɪʒn] **!** im Fernsehen = **on** TV: a good film **on TV**

(to) look – (to) see – (to) watch

Look. Can you **see** Sheeba? – Yes, I can **see** her.	**Schau./Guck mal**. Kannst du Sheeba **sehen**? – ...
Toby **watches** Sophie.	Toby **beobachtet** Sophie. / Toby **schaut** Sophie **zu**.
Don't **watch TV** now, Dan. You've got a lot of homework.	**Sieh** jetzt nicht **fern**, Dan. ...

p.39/A3	**all day / all the time**	den ganzen Tag (lang) / die ganze Zeit	
p.40/A5	**Thanks.** [θæŋks]	Danke.	= Thank you.
	help	Hilfe	! **help** = **1.** helfen; **2.** Hilfe
	of course [əv 'kɔːs]	natürlich, selbstverständlich	Is Prunella a Poltergeist? – Yes, **of course** she is.
	Here you are. [ˌhɪə juː‿'ɑː]	Bitte sehr. / Hier bitte.	

„bitte“

– in Bitten und Aufforderungen:	**please**	→ What's the time, **please?** / Open the window, **please**.
– wenn du jemandem etwas gibst:	**Here you are.**	→ Can you give me that pen, please? – **Here you are.**
– wenn sich jemand bei dir bedankt:	**You're welcome.**	→ Thank you. – **You're welcome**.
– wenn du etwas nicht richtig verstanden hast (**„Wie bitte?“**):	**Sorry?**	→ Where are the twins? – **Sorry?**

	This is **all wrong.**	Das ist ganz falsch.	Can I see your homework? – Oh no, it's **all wrong**.
	(to) **argue** ['ɑːgjuː]	sich streiten, sich zanken	Sophie sometimes **argues** with her sister.
	(to) **do judo** ['dʒuːdəʊ]	Judo machen	
	early ['ɜːli]	früh	early ◄► late
	till [tɪl]	bis *(zeitlich)*	On Sundays I sleep **till** 11 o'clock.
p.40/A6	**letter** ['letə]	Buchstabe	lots of **letters** *Latin:* littera; *French:* la lettre
p.41/A7	**grandma** ['grænmɑː]	Oma	= grandmother
	grandpa ['grænpɑː]	Opa	= grandfather
	grandparents ['grænpeərənts]	Großeltern	*French:* les grands-parents
	parents ['peərənts]	Eltern	*Latin:* parentes; *French:* les parents
	at the top (of) [tɒp]	oben, am oberen Ende, an der Spitze (von)	
	because [bɪ'kɒz]	weil	Why are you late for school, Emily? – I'm late **because** the bus was late.
	dead [ded]	tot	
	child [tʃaɪld], *pl* **children** ['tʃɪldrən]	Kind	one **child** ! [tʃaɪld] three **children** ! ['tʃɪldrən]

	son [sʌn]	Sohn	
	daughter ['dɔːtə]	Tochter	
	uncle ['ʌŋkl]	Onkel	*French:* l'oncle *(m)*
	aunt [ɑːnt]	Tante	
	married (to) ['mærɪd]	verheiratet (mit)	! verheiratet **mit** = married **to**
	cousin ['kʌzn]	Cousin, Cousine	*French:* le cousin, la cousine
	so [səʊ]	also; deshalb, daher	Polly is a parrot, **so** she lives in a cage.
	grandchild ['græntʃaɪld], *pl* **grandchildren** ['-tʃɪldrən]	Enkel/in	
	single ['sɪŋgl]	ledig, alleinstehend	not married
	divorced [dɪ'vɔːst]	geschieden	divorced ◄► married
	without [wɪ'ðaʊt]	ohne	without ◄► with
	just [dʒʌst]	(einfach) nur, bloß	Don't **just** sit there. Come and help me.
	man [mæn], *pl* **men** [men]	Mann	
	woman ['wʊmən], *pl* **women** ['wɪmɪn]	Frau	
p. 45/P 11	(to) **remember** [rɪ'membə]	sich erinnern (an)	! Kannst du dich **an ihren Namen erinnern**? = Can you **remember her name**?

	quiz [kwɪz], *pl* **quizzes** ['kwɪzɪz]	Quiz, Ratespiel	
p. 47/P 16	**guest** [gest]	Gast	

A day in the life of ...

p. 48	**by** [baɪ]	von	'A day in my life' – an essay **by** Jack Hanson.
	(to) **have a shower** ['ʃaʊə]	(sich) duschen	I get up at 7.15, then I **have a shower**.
	shower	Dusche	
	(to) **get things ready** ['redi]	Dinge fertig machen, Dinge vorbereiten	In the evening I **get my things ready** for school.
	ready	bereit, fertig	Are you **ready**? Can we go? Dan, Jo! Breakfast is **ready**.
	again [ə'gen]	wieder; noch einmal	Look, there's that little dog **again**. Can you say that **again**, please?
	(to) **do homework**	die Hausaufgabe(n) machen, die Schularbeiten machen	**Do** your **homework** first. Then you can play. ! **Hausaufgaben sind** langweilig. = **Homework is** boring. (*kein Plural*)
	interesting ['ɪntrəstɪŋ]	interessant	! Betonung auf der 1. Silbe: **interesting** ['ɪntrəstɪŋ]
	other ['ʌðə]	andere(r, s)	Jo is at home. The **other** children are at school.
	country ['kʌntri]	Land	Germany is a big **country**.

spy [spaɪ]	Spion/in	
(to) **wear** [weə]	tragen, anhaben *(Kleidung)*	Can I **wear** your blue T-shirt, Dan? – Yes, OK.
sunglasses ['sʌnglɑːsɪz]	(eine) Sonnenbrille	! **glasses** und **sunglasses** sind Pluralwörter: I need my **glasses**. Where **are they**? Ich brauche meine **Brille**. Wo **ist sie**?
glasses ['glɑːsɪz]	(eine) Brille	
us [əs, ʌs]	uns	We're here. Can you see **us**?
(to) **fit** [fɪt]	passen	The T-shirt is too big. It doesn't **fit**.
story ['stɔːri]	Geschichte, Erzählung	*Latin:* historiae *(pl)*; *French:* l'histoire *(f)*

Der Plural von Wörtern auf „-y"

-y nach **Konsonant** wird im Plural zu **-ies**:

one	country	family	hobby	spy	story
lots of	countries	families	hobbies	spies	stories

-y nach **Vokal** bleibt:

one	boy	day	essay
lots of	boys	days	essays

(to) **hear** [hɪə]	hören	! (to) **hear** = hören (können) (to) **listen (to)** = zuhören, horchen **Listen**. Can you **hear** the dogs in the park?
alarm clock [ə'lɑːm klɒk]	Wecker	

Topic 2: A tour of the house

p.50	**tour (of the house)** [tʊə]	Rundgang, Tour (durchs Haus)	! ein **Rundgang** **durch** Bristol = a **tour** **of** Bristol
	(to) **look different/great/old**	anders/toll/alt aussehen	Sophie has got a new school bag. It **looks great**.
	a lot [ə 'lɒt]	viel	
	(to) **happen (to)** ['hæpən]	geschehen, passieren (mit)	A lot can **happen** in a story.

upstairs [ˌʌp'steəz]	oben; nach oben
downstairs [ˌdaʊn'steəz]	unten; nach unten
stairs *(pl)* [steəz]	Treppe; Treppenstufen

sofa ['səʊfə]	Sofa
armchair ['ɑːmtʃeə]	Sessel

fridge [frɪdʒ]	Kühlschrank
cooker ['kʊkə]	Herd
dishwasher ['dɪʃwɒʃə]	Geschirrspülmaschine
sink [sɪŋk]	Spüle, Spülbecken
cupboard ['kʌbəd]	Schrank

	bath [bɑ:θ]	Badewanne	
	dining room ['daɪnɪŋ ru:m]	Esszimmer	
p.51	**strange** [streɪndʒ]	seltsam, sonderbar	*French:* étrange
	comfortable ['kʌmftəbl]	bequem	That sofa looks very **comfortable**. 
	floor [flɔ:]	Fußboden	Jo, put your books on the desk, not on the **floor**.
	cold [kəʊld]	kalt	
	hot [hɒt]	heiß	hot ◄► cold
	over there [ˌəʊvə 'ðeə]	da drüben, dort drüben	 
	after ['ɑ:ftə]	nachdem	! **after** = **1.** nach; **2.** nachdem
	before [bɪ'fɔ:]	bevor	! **before** = **1.** vor; **2.** bevor
	(to) **do the dishes** ['dɪʃɪz]	das Geschirr abwaschen	
	them [ðəm, ðem]	sie; ihnen	Look, the twins. Can you see **them**? Let's help **them**.
	hour ['aʊə]	Stunde	*Latin:* hora; *French:* l'heure *(f)*
	clean [kli:n]	sauber	! **clean** = **1.** *(verb)* sauber machen, putzen; **2.** *(adjective)* sauber
	dream [dri:m]	Traum	

warm [wɔːm]	warm	
funny ['fʌni]	witzig, komisch	

Unit 3: Sports and hobbies

Remember?

p.52 **My hobbies** (Meine Hobbys)

On Mondays I go swimming.

On Tuesdays I play football.

On Wednesdays I ride my bike.

On Thursdays I play hockey.

On Fridays I play computer games.

And you?

sport [spɔːt]	Sport; Sportart	I like **sport**. What are your favourite **sports**?
free time [ˌfriː 'taɪm]	Freizeit, freie Zeit	
free [friː]	frei	

Sports

American football [ə,merɪkən 'fʊtbɔːl]	Football	**hockey** ['hɒki]	Hockey
badminton ['bædmɪntən]	Badminton, Federball	**judo** ['dʒuːdəʊ]	Judo
baseball ['beɪsbɔːl]	Baseball	**riding** ['raɪdɪŋ]	Reiten, Reitsport
basketball ['bɑːskɪtbɔːl]	Basketball	**swimming** ['swɪmɪŋ]	Schwimmen
dancing ['dɑːnsɪŋ]	Tanzen	**table tennis** ['teɪbl tenɪs]	Tischtennis
football ['fʊtbɔːl]	Fußball	**tennis** ['tenɪs]	Tennis
		volleyball ['vɒlibɔːl]	Volleyball

! Verschiedene Sportarten – verschiedene Verben:
You **play** football, badminton, hockey, … .
You **do** judo. / You **do** sport. („Sport treiben")
You **go** riding, swimming, … .

p.53 **dancing lessons** ['dɑːnsɪŋ lesnz]	Tanzstunden, Tanzunterricht	
(to) **dance** [dɑːns]	tanzen	*French:* danser
guitar [gɪ'tɑː]	Gitarre	! Mike **spielt Gitarre**. = Mike **plays <u>the</u> guitar**.
model ['mɒdl]	Modell*(-flugzeug, -schiff usw.)*	! Betonung auf der 1. Silbe: **<u>mod</u>el** ['mɒdl]
(to) **go riding** ['raɪdɪŋ]	reiten gehen	
(to) **ride** [raɪd]	reiten	! (to) **ride** = reiten – (to) **ride a bike** = Rad fahren
stamp [stæmp]	Briefmarke	
card [kɑːd]	(Spiel-, Post-)Karte	

(to) **collect** [kə'lekt]	sammeln	People **collect** stamps, cards, posters, comics, … .
I like swimming/dancing/…	ich schwimme/tanze/… gern	I **like swimming**. And you? – I **don't like swimming**, but I **like riding**.

Remember?

p. 54/A1

assistant / shop assistant [əˌsɪstənt]	Verkäufer, Verkäuferin	**!** Betonung auf der 2. Silbe: **as<u>sis</u>tant** [ə'sɪstənt]
Good afternoon.	Guten Tag. *(nachmittags)*	**!** **Guten Tag. = Hello. / Good morning. / Good afternoon.** (Nicht: ~~Good day.~~)

	size [saɪz]	Größe	
	(to) **try on** [ˌtraɪ‿ˈɒn]	anprobieren *(Kleidung)*	Can I **try on** your new dress? – Not now. You can **try** it **on** tomorrow.
	these [ðiːz]	diese, die (hier)	
	..., you know. [nəʊ]	..., wissen Sie. / ..., weißt du.	He's really good at football, **you know**.
	(to) **know**	wissen	Do you **know** where Jack is? – He's at school. **!** Aussprache: (to) **know** [nəʊ] – **now** [naʊ]
	(to) **want** [wɒnt]	(haben) wollen	I don't **want** these shoes. I **want** the red boots.
	(to) **buy** [baɪ]	kaufen	Can we **buy** the red boots, please?
	(to) **sell** [sel]	verkaufen	(to) sell ◄► (to) buy
p.54/A2	**clothes** *(pl)* [kləʊðz, kləʊz]	Kleidung, Kleidungsstücke	All my **clothes** are black.
	stuff [stʌf]	Zeug, Kram	What's that red **stuff** on your shirt? Ketchup?
	(to) **choose** [tʃuːz]	(sich) aussuchen, (aus)wählen	We have to **choose** a name for our new dog. *French:* choisir
p.55/A3	**project (about, on)** [ˈprɒdʒekt]	Projekt (über, zu)	**!** Betonung auf der 1. Silbe: **project** [ˈprɒdʒekt] *French:* le projet
	(to) **ask** [ɑːsk]	fragen	
	piano [piˈænəʊ]	Klavier, Piano	**!** Sie **spielt Klavier**. = She **plays the piano**.
	alone [əˈləʊn]	allein	Does Prunella play tennis **alone**? – No, she plays with Uncle Henry.

	head [hed]	Kopf	
	always ['ɔːlweɪz]	immer	Prunella **always** plays tennis with her uncle.
	(to) **win** [wɪn]	gewinnen	And she always **wins**!
	neighbour ['neɪbə]	Nachbar, Nachbarin	
	anyway ['eniweɪ]	sowieso	I don't like that shirt. And it doesn't fit **anyway**.
p.55/A5	(to) **skate** [skeɪt]	Inliner/Skateboard fahren	I like **skating**. We always go **skating** on Sundays.
	skates [skeɪts]	Inliner	
p.56/A6	**often** ['ɒfn]	oft, häufig	I **often** ride my bike to school.
	Dear Jay ... [dɪə]	Lieber Jay, ...	
	quick [kwɪk]	schnell	
	some [səm, sʌm]	einige, ein paar	There are **some** apples for you in the kitchen.
	question ['kwestʃn]	Frage	You ask lots of **questions**. ! Fragen stellen = (to) ask questions *Latin:* quaestio; *French:* la question
	(to) **answer** ['ɑːnsə]	antworten; beantworten	
	answer (to) ['ɑːnsə]	Antwort (auf)	Here's a quick **answer to** your question.
	match [mætʃ]	Spiel, Wettkampf	Football **matches** are often on Saturdays.
	Love ... [lʌv]	Liebe Grüße, ... *(Briefschluss)*	
	(to) **love** [lʌv]	lieben, sehr mögen	

	the next morning/day [nekst]	am nächsten Morgen/Tag	
	never ['nevə]	nie, niemals	never ◄► always
	usually ['juːʒuəli]	meistens, gewöhnlich, normalerweise	**never** – **sometimes** – **often** – **usually** – **always**
	(to) **walk** [wɔːk]	(zu Fuß) gehen	I never ride my bike to school. I always **walk**.
	Say hi to Dilip **for me.**	Grüß Dilip von mir.	
p.57/A 9	(to) **have to** do ['hæv tə, 'hæf tə]	tun müssen	I can't help you with your homework, I **have to** feed the rabbits.
	at least [ət 'liːst]	zumindest, wenigstens	These shoes aren't cool, but **at least** they fit.
	most people [məʊst]	die meisten Leute	**Most** children like hamsters and rabbits. ! __die__ **meisten** Kinder = **most** children
	(to) **understand** [ˌʌndə'stænd]	verstehen, begreifen	In English, please. I don't **understand** German.
	(to) **lay the table** [leɪ]	den Tisch decken	I always **lay the table** for breakfast on Sundays.
	dinner ['dɪnə]	Abendessen, Abendbrot	*French:* le dîner
p.57/A 10	**right now** [raɪt 'naʊ]	jetzt sofort; jetzt gerade	I need your help **right now**. Sorry, I can't help you **right now**.
	(to) **teach** [tiːtʃ]	unterrichten, lehren	Mr Kingsley is a teacher. He **teaches** English.

	(to) **learn** [lɜːn]	lernen	
	(to) **shout** [ʃaʊt]	schreien, rufen	Some teachers **shout** a lot. Don't **shout at** me. (= Schrei mich nicht an.)
p.57/A11	**busy** ['bɪzi]	beschäftigt	Can you help me? Or are you **busy**?
p.58/P2	**snake** [sneɪk]	Schlange	
p.60/P8	(to) **know** [nəʊ]	kennen	! (to) **know** = **1.** wissen; **2.** kennen
	appointment [ə'pɔɪntmənt]	Termin, Verabredung	
	(to) **meet** [miːt]	sich treffen	! (to) **meet:** **1.** Can **we meet** at 8 o'clock? (Können **wir uns ... treffen**?) **2.** Can **you meet us** after school? (Kannst **du uns ... treffen**?)
p.61/P10	**under** ['ʌndə]	unter	Oh, there's my book – **under** the desk.
	meaning ['miːnɪŋ]	Bedeutung	
p.61/P11	**person** ['pɜːsn]	Person	*Latin:* persona; *French:* la personne
p.62/P13	**on the radio** ['reɪdiəʊ]	im Radio	*French:* à la radio
p.63/P14	**news** *(no pl)* [njuːz]	Nachrichten	! Hier <u>**sind**</u> die Nachrichten. = Here <u>**is**</u> the news.
p.63/P15	(to) **link** [lɪŋk]	verbinden, verknüpfen	Can you **link** the words and the pictures?
p.63/P16	**car** [kɑː]	Auto	a **car** 

The SHoCK Team

p. 65	**the only** guest ['əʊnli]	der einzige Gast	Dan and Jo are **the only** twins in 7PK.
	suddenly ['sʌdnli]	plötzlich, auf einmal	**Suddenly** everything was quiet.
	noise [nɔɪz]	Geräusch; Lärm	Listen! There's a **noise** at the window. What's all that **noise**? I can't do my homework.
	down [daʊn]	hinunter, herunter, nach unten	
	up [ʌp]	hinauf, herauf, nach oben	up ◄► down
	outside the room [ˌaʊt'saɪd]	vor dem Zimmer; außerhalb des Zimmers	Sophie's rabbits live **outside** the house – in a hutch in the garden.
	outside	draußen	Where's Sheeba? – She's **outside**, in the garden.
	scary ['skeəri]	unheimlich; gruselig	
	(to) **run** [rʌn]	laufen, rennen	
	away [ə'weɪ]	weg, fort	Go **away**, Prunella. I have to do my homework.
	(to) **call** [kɔːl]	rufen; anrufen; nennen	Please **call** your dog. It's in our garden. **Call** me tomorrow. Here's my phone number. Her name is Elizabeth, but we **call** her Liz.
	police *(pl)* [pə'liːs]	Polizei	! **police** ist immer Plural: Where **are** the **police**? We have to call **them**. (Wo ist die Polizei? Wir müssen sie rufen.)

left – right

Do you write with your **left** hand or your **right** hand?	Schreibst du mit der **linken** oder mit der **rechten** Hand?
Jack looks **left** and **right**, but he can't see the man.	Jack schaut **nach links** und **nach rechts**, aber ...
On the left, you can see Morris, my cat.	**Links/Auf der linken Seite** ...
My dog Alice is **on the right**.	... **rechts/auf der rechten Seite**.

into ... ['ɪntə, 'ɪntʊ]	in ... (hinein)	
out of ... ['aʊt‿əv]	aus ... (heraus/hinaus)	
door [dɔː]	Tür	
maybe ['meɪbi]	vielleicht	**Maybe** Mr Green is a bank robber?
visitor ['vɪzɪtə]	Besucher/in, Gast	*French:* le visiteur, la visiteuse
(to) **phone** [fəʊn]	anrufen	! **phone** = **1.** *(noun)* Telefon; **2.** *(verb)* anrufen
(to) **agree (with)** [ə'griː]	*(jm.)* zustimmen	! Ich **stimme dir zu**. = I **agree with you**.
This is about Mr Green.	Es geht um Mr Green.	**This is about** the SHoCK Team, not about Jack.
(to) **mean** [miːn]	meinen, sagen wollen	! • What do you **mean**, a spy? = Was **willst** du damit **sagen**, ein Spion? • What do you **think**: is he a spy? = Was **meinst (glaubst)** du: Ist er ein Spion?

	(to) **find out (about)** [ˌfaɪnd‿ˈaʊt]	herausfinden (über)	
	detective [dɪˈtektɪv]	Detektiv, Detektivin	
p.66	**a piece of paper** [ˌpiːs‿əv ˈpeɪpə]	ein Stück Papier	**a piece of paper** 
	group [gruːp]	Gruppe	
	(to) **show** [ʃəʊ]	zeigen	Can you **show** me your new computer?
	(to) **add (to)** [æd]	hinzufügen, ergänzen, addieren (zu)	**Add** blue **to** yellow and you've got green. *Latin:* addere
	(to) **start** [stɑːt]	starten, anfangen, beginnen (mit)	
	watch [wɒtʃ]	Armbanduhr	! **watch** = **1.** *(verb)* beobachten, sich ansehen **2.** *(noun)* Armbanduhr
	clock [klɒk]	(Wand-, Stand-, Turm-)Uhr	 **watches**  **clocks**
	(to) **wait (for)** [weɪt]	warten (auf)	Don't **wait for** Prunella – she's always late.

Topic 3: An English jumble sale

p.67	**jumble sale** ['dʒʌmbl seɪl]	Wohltätigkeitsbasar	
	money ['mʌni]	Geld	
	pound (£) [paʊnd]	Pfund *(britische Währung)*	
	pence (p) *(pl)* [pens]	Pence *(Mehrzahl von „penny")*	10 **p** [piː] = 10 **pence**
	penny ['peni]	*kleinste britische Münze*	1 **p** [piː] = 1 **penny**
	euro (€) ['jʊərəʊ]	Euro	
	cent (c) [sent]	Cent	
	What about ...?	Wie wär's mit ...?	
	too much [tuː 'mʌtʃ]	zu viel	**!** **too** = **1.** auch – The flat is big, and the garden is big **too.** („auch groß") **2.** zu – The house is **too** big. („zu groß")
	How much is/are ...? [ˌhaʊ 'mʌtʃ]	Was kostet/kosten ...? / Wie viel kostet/kosten ...?	**How much is** the felt tip? And **how much are** the pencils?
	It's £1.	Er/Sie/Es kostet 1 Pfund.	The felt tip **is** £1.75, and the pencils **are** 35p.
	only ['əʊnli]	nur, bloß	There aren't two books on the desk, there's **only** one. 
	(to) **take** 10c **off** [ˌteɪk‿'ɒf]	10 Cent abziehen	£3? That's too much. Can you **take** 50p **off**?

I'll take it. [aɪl 'teɪk‿ɪt]	Ich werde es (ihn, sie) nehmen. / Ich nehme es (ihn, sie).	How much is the pencil case? – £2.50. – OK, **I'll take it**.
change [tʃeɪndʒ]	Wechselgeld	

Unit 4: Party, party!

Remember?

pp. 68/69

Food and drink

(to) **have ... for breakfast**	... zum Frühstück essen/ trinken	I usually **have** toast and orange juice **for breakfast**.
chips *(pl)* [tʃɪps]	Pommes frites	

biscuit ['bɪskɪt]	Keks, Plätzchen	! Betonung auf der 1. Silbe: **biscuit** ['bɪskɪt]
crisps *(pl)* [krɪsps]	Kartoffelchips	! **crisps** = Kartoffelchips – **chips** = Pommes frites
fruit salad ['fru:t ˌsæləd]	Obstsalat	*French:* la salade de fruits
sausage ['sɒsɪdʒ]	(Brat-, Bock-)Würstchen, Wurst	**sausages** and **chips** 
sweets *(pl)* [swi:ts]	Süßigkeiten	
sweet [swi:t]	süß	I don't like bananas. They're too **sweet**.
behind [bɪ'haɪnd]	hinter	 **behind** the box
in front of [ɪn 'frʌnt‿əv]	vor	**in front of** the box
next to	neben	**next to** the plate 
bottle ['bɒtl]	Flasche	a milk **bottle**  a **bottle of** milk  *French:* la bouteille
glass [glɑ:s]	Glas	
jug [dʒʌg]	Krug	
Would you like ...? [wəd, wʊd]	Möchtest du ...? / Möchten Sie ...?	**Would you like** a piece of pizza? – Yes, please.
I'd like ... (= I would like ...)	Ich hätte gern ... / Ich möchte gern ...	What would you like? – **I'd like** a hamburger, please.

a bottle of ..., a glass of ...

a bottle of milk	a glass of water	a jug of orange juice	a bowl of cornflakes	a plate of chips	a packet of crisps	a basket of apples	a piece of pizza

	some cheese/juice/money [səm, sʌm]	etwas Käse/Saft/Geld	**!** **some** = **1.** einige – **some** apples, chips, bottles, ... **2.** etwas – **some** cheese, milk, money, ...
	hungry ['hʌŋgri]	hungrig	**!** Ich **habe Hunger**. = I**'m hungry**.
	thirsty ['θɜːsti]	durstig	**!** Ich **habe Durst**. = I**'m thirsty**.
p.70/A1	**invitation (to)** [ˌɪnvɪ'teɪʃn]	Einladung (zu)	*Latin:* invitatio; *French:* l'invitation *(f)*
	(to) **invite (to)** [ɪn'vaɪt]	einladen (zu)	Can I **invite** all my friends to my party? *Latin:* invitare; *French:* inviter
	long [lɒŋ]	lang	Ananda's essay is very **long**. *French:* long, ue
	short [ʃɔːt]	kurz	Dan's essay is very **short**. short ◄► long
	(to) **want to** do [wɒnt]	tun wollen	Do you really **want to** invite all your friends? **!** (to) **want** = haben wollen: I **want** a new skateboard. (to) **want to do** = tun wollen: I **want to** buy it now.

	both [bəʊθ]	beide	Do you want to listen to **both** CDs? We **both** like hamsters. I like **both** these T-shirts. Can we buy **both**?
	real [rɪəl]	echt, wirklich	It's a party for **real** people, not for poltergeists.
p.71/A4	**present** ['preznt]	Geschenk	**!** **present** = **1.** Gegenwart; **2.** Geschenk
	still [stɪl]	(immer) noch	After dinner Jo was **still** hungry.
	soap [səʊp]	Seife	a piece of **soap** 
	expensive [ɪk'spensɪv]	teuer	£60 for a T-shirt? That's too **expensive**.
	any ...? ['eni]	(irgend)welche ...?	**!** **any** bleibt oft unübersetzt: Are there **any** oranges**?** (= Gibt es Apfelsinen?)
	earring ['ɪərɪŋ]	Ohrring	
	not (...) any	kein, keine	There is**n't any** milk in the fridge. We have**n't** got **any** pets. What about you?
	(to) **be in a hurry** ['hʌri]	in Eile sein, es eilig haben	**!** **hurry**: **1. I'm in a hurry**. (= Ich habe es eilig.) **2. Hurry up**, please. (= Beeil dich, bitte.)
	(to) **follow** ['fɒləʊ]	folgen; verfolgen	My dog always **follows** me. The police **are following** the man to his house.
p.71/A5	**key word** ['kiː wɜːd]	Stichwort, Schlüsselwort	
	another [ə'nʌðə]	ein(e) andere(r, s); noch ein(e)	I can't write with this pen. I need **another** pen. I'm still hungry. Let's eat **another** sandwich.

	reason ['ri:zn]	Grund, Begründung	*Latin:* ratio; *French:* la raison
p.72/A7	(to) **make a mess** [mes]	alles durcheinanderbringen, alles in Unordnung bringen	When the house is empty, Prunella often **makes a mess.**
	(to) **take** [teɪk]	(weg-, hin)bringen	Please **take** the plates into the kitchen, Sophie.
	to Jenny's	zu Jenny	Can we go **to Jenny's** now? (= to Jenny's house)
	later ['leɪtə]	später	
p.73/A9	**train** [treɪn]	Zug	! There was a funny man <u>on</u> **the train**. (= <u>im</u> **Zug**) *French:* le train
	station ['steɪʃn]	Bahnhof	! Betonung auf der 1. Silbe: <u>**sta**</u>**tion** ['steɪʃn]
	somebody ['sʌmbədi]	jemand	Mr Green is talking to **somebody**.
	(to) **get off (the train/bus)** [ˌget_'ɒf] **(-tt-)** *	(aus dem Zug/Bus) aussteigen	This is where I live. We have to **get off** here.
	(to) **get on (the train/bus)** [ˌget_'ɒn] **(-tt-)**	(in den Zug/Bus) einsteigen	! <u>**in**</u> den Bus **einsteigen** = (to) **get** <u>**on**</u> the bus <u>**aus**</u> dem Bus **aussteigen** = (to) **get** <u>**off**</u> the bus
	parcel ['pɑ:sl]	Paket	
	(to) **look round** [ˌlʊk 'raʊnd]	sich umsehen	Mr Green **looks round**, then he starts to run.
	(to) **hide** [haɪd]	sich verstecken; *(etwas)* verstecken	Prunella often **hides** in the wardrobe. Can you **hide** this parcel for me, please?
p.74/A10	**Which** picture ...? [wɪtʃ]	Welches Bild ...?	**Which** cake would you like? The chocolate cake?

* Die Angabe **(-tt-)** zeigt, dass der Endkonsonant bei der Bildung der *-ing*-Form verdoppelt wird: **get – getting**.

Remember?

My body[1] (Mein Körper)

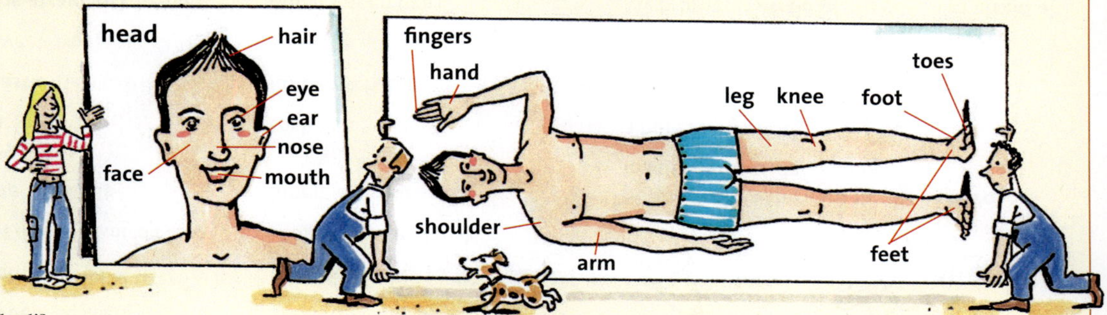

[1] ['bɒdi]

p.76/P 6	**zoo** [zuː]	Zoo, Tierpark	**!** Aussprache: **zoo** [zuː] *French:* le zoo
	animal ['ænɪml]	Tier	*Latin:* animal; *French:* l'animal *(m)*
p.77/P 7	**muesli** ['mjuːzli]	Müsli	
	egg [eg]	Ei	
p.78/P 9	**minute** ['mɪnɪt]	Minute	It's three **minutes** to six.  **!** Betonung auf der 1. Silbe: **minute** ['mɪnɪt] *French:* la minute

Sophie's party – a play

p. 81 **play** [pleɪ]	Theaterstück	**!** **play** = **1.** *(verb)* spielen; **2.** *(noun)* Theaterstück
scene [siːn]	Szene	**!** Das „c" wird nicht gesprochen: **scene** [siːn]. *French:* la scène
... pm [ˌpiː‿'em]	... Uhr nachmittags/abends	**!** Man verwendet **am** oder **pm** nicht mit **o'clock.** Also nur: **at two pm** (nicht: ~~at two o'clock pm~~)
... am [ˌeɪ‿'em]	... Uhr morgens/vormittags	
Don't worry. ['wʌri]	Mach dir keine Sorgen.	
(to) **worry (about)**	sich Sorgen machen (wegen, um)	When I come home late my mum always **worries about** me.
doorbell ['dɔːbel]	Türklingel	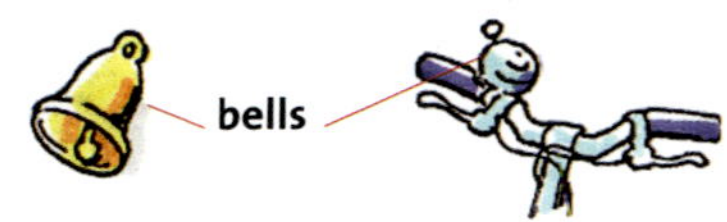
bell [bel]	Klingel, Glocke	
front door [ˌfrʌnt 'dɔː]	Wohnungstür, Haustür	
inside [ˌɪn'saɪd]	innen (drin), drinnen	Sophie isn't in the garden. She's **inside**. inside ◄► outside
hole [həʊl]	Loch	a **hole** in my shoe 
fantastic [fæn'tæstɪk]	fantastisch, toll	*French:* fantastique
so sweet [səʊ]	so süß	
(to) **be afraid (of)** [ə'freɪd]	Angst haben (vor)	My brother **is afraid of** big dogs. **I'm afraid of** mice.

	(to) **pass** [pɑːs]	(herüber)reichen, weitergeben	Can you **pass** me the milk, please? You have to **pass** the parcel to the next student.
	(to) **pass round** [ˌpɑːs ˈraʊnd]	herumgeben	Now Sophie **is passing round** the party food.
	no more music	keine Musik mehr	
	no	kein, keine	I can't do my homework now. I've got **no** time.
p. 82	**note** [nəʊt]	Mitteilung, Notiz	Here's a **note** from Jack. Can you read it? I can't.
	(to) **take notes**	sich Notizen machen	
	prize [praɪz]	Preis, Gewinn	There's a **prize** for the best story.
	(to) **be over**	vorbei sein, zu Ende sein	
	What are you talking about?	Wovon redest du?	
	(to) **get** [get] **(-tt-)**	gelangen, (hin)kommen	How can we **get** to Cotham School?
	title [ˈtaɪtl]	Titel, Überschrift	*Latin:* titulus; *French:* le titre

Unit 5: School: not just lessons

pp. 84/85	**rehearsal** [rɪˈhɜːsl]	Probe *(am Theater)*
	(to) **rehearse** [rɪˈhɜːs]	proben *(am Theater)*
	spring [sprɪŋ]	Frühling
	autumn [ˈɔːtəm]	Herbst
	winter [ˈwɪntə]	Winter

show [ʃəʊ]	Show, Vorstellung	! **show** = **1.** *(verb)* zeigen; **2.** *(noun)* Show, Vorstellung
may [meɪ]	dürfen	**May** I come in? (*höflich für:* Can I come in?)
(to) **bring** [brɪŋ]	(mit-, her)bringen	 ! **Bring** me the newspaper. („herbringen")  Now **take** it to Dad. („hinbringen")
(to) **use** [juːz]	benutzen, verwenden	May I **use** your phone, please?
result [rɪ'zʌlt]	Ergebnis, Resultat	*French:* le résultat
junior ['dʒuːniə]	Junioren-, Jugend-	
choir ['kwaɪə]	Chor	! Schreibung: choir – Aussprache: ['kwaɪə]
(to) **paint** [peɪnt]	malen, anmalen	Let's **paint** our faces for the party!
pirate ['paɪrət]	Pirat, Piratin	! Betonung auf der 1. Silbe: **pirate** ['paɪrət]
ship [ʃɪp]	Schiff	
programme ['prəʊgræm]	Programm	! Betonung auf der 1. Silbe: **programme** ['prəʊgræm]
(to) **practise** ['præktɪs]	üben; trainieren	
p.86/A1 **ticket** ['tɪkɪt]	Eintrittskarte	**Tickets** for the party are £2.50.

p.86/A2	(we/you/they) **were** [wə, wɜː]	*Vergangenheitsform von „be"*	I was at home last night. Where **were** you?
	Miss White [mɪs]	Frau White *(unverheiratet)*	
	(to) **sound** [saʊnd]	klingen, sich *(gut usw.)* anhören	A party in the park? That **sounds** very nice. **sound** = **1.** *(verb)* klingen; **2.** *(noun)* Laut; Klang
p.87/A4	**yesterday** ['jestədeɪ, 'jestədi]	gestern	**Yesterday** I was home late.
	terrible ['terəbl]	schrecklich, furchtbar	*Latin:* terribilis; *French:* terrible
	mistake [mɪ'steɪk]	Fehler	There are three **mistakes** in your essay.
	I can't wait to see ...	ich kann es kaum erwarten, ... zu sehen	The band is great. **I can't wait to** see their next show.
	a minute **ago** [ə'gəʊ]	vor einer Minute	Where's Dan? – He was here **a minute ago**. ! **ago** steht hinter dem Nomen.
	voice [vɔɪs]	Stimme	*Latin:* vox; *French:* la voix
	(to) **realize** ['rɪəlaɪz]	erkennen, merken	
	that [ðət, ðæt]	dass	Then I realized **that** Prunella was a poltergeist.
	part [pɑːt]	Teil	Cornwall is a pretty **part** of England. *Latin:* pars
p.88/A7	**king** [kɪŋ]	König	
p.88/A8	**diary** ['daɪəri]	Tagebuch; Terminkalender	
	had [hæd]	*Vergangenheitsform von „have" und von „have got"*	Yesterday I **had** breakfast at 6 o'clock. In 1998 we **had** a dog. Now we've got two cats.

sang [sæŋ]	*Vergangenheitsform von „sing“*	
way [weɪ]	Weg	We sang songs all the **way** to school yesterday.
came [keɪm]	*Vergangenheitsform von „come“*	The teacher **came** into the classroom, and the students were quiet.
did [dɪd]	*Vergangenheitsform von „do“*	Tell your partner what you **did** last Sunday.

Unregelmäßige Vergangenheitsformen

(to) find	**found** [faʊnd]	finden
(to) go	**went** [went]	gehen
(to) make	**made** [meɪd]	machen, bauen, bilden
(to) put	**put** [pʊt]	legen, stellen, (*wohin*) tun
(to) say	**said** [sed]	sagen
(to) see	**saw** [sɔː]	sehen
(to) think	**thought** [θɔːt]	glauben, meinen, denken

tired ['taɪəd]	müde	
something ['sʌmθɪŋ]	etwas	I'm thirsty. I'd like **something** to drink.
to [tə, tu]	um zu	Dan and Jo went to the park **to** play football.
sure [ʃʊə, ʃɔː]	sicher	Ananda's dad is from Uganda? Are you **sure**?
supermarket ['suːpəmɑːkɪt]	Supermarkt	*French:* le supermarché
this morning/afternoon/ evening	heute Morgen/Nachmittag/ Abend	I can meet you at two o'clock **this afternoon**.

	(to) **hope** [həʊp]	hoffen	I **hope** you have a happy birthday.
p.89/A10	**article** ['ɑːtɪkl]	(Zeitungs-)Artikel	There was an **article** in the school magazine about the Spring Show. **!** Betonung auf der 1. Silbe: <u>**ar**</u>**ticle** ['ɑːtɪkl]
	report (on) [rɪ'pɔːt]	Bericht, Reportage (über)	There's a **report on** the Spring Show on TV. *French:* le reportage
	stage [steɪdʒ]	Bühne	The band went on **stage** and started to play.
	(to) **design** [dɪ'zaɪn]	entwickeln, entwerfen	What is your dad's job? – He **designs** cars. *Latin:* designare
	twin town [ˌtwɪn 'taʊn]	Partnerstadt	
	town [taʊn]	Stadt	
	for example [ˌfər‿ɪg'zɑːmpl]	zum Beispiel	Toby likes ball games – football, **for example**.
	(to) **swap** [swɒp] **(-pp-)**	tauschen, austauschen	Friends sometimes **swap** clothes. We **swapped** information in a partner exercise.
	information (about/on) *(no pl)* [ˌɪnfə'meɪʃn]	Information(en) (über)	**!** • Hier <u>sind</u> die **Informatione<u>n</u>** über die Show. = Here<u>'s</u> the **information** about/on the show. *Nie:* ... the informations̶ • **eine** interessante Information = **some** interesting information
	Did you do **anything special?** [ˌeniθɪŋ 'speʃl]	Habt ihr irgendetwas Besonderes gemacht?	

	(to) **go on a trip**	einen Ausflug/eine Reise machen	Last summer we **went on a trip** to London.
p.90/P1	**flow chart** ['fləʊ tʃɑːt]	Flussdiagramm	
p.90/P2	**costume** ['kɒstjuːm]	Kostüm, Verkleidung	! Betonung auf der 1. Silbe: **costume** ['kɒstjuːm]
p.91/P4	your **best** friends [best]	deine besten Freunde/ Freundinnen	
p.92/P8	**extra** ['ekstrə]	zusätzlich	Oh, here's Sophie. We need an **extra** plate.
	syllable ['sɪləbl]	Silbe	There are two **syllables** in *mistake*: *mis* and *take*.
p.93/P10	**elephant** ['elɪfənt]	Elefant	 *Latin:* elephantus; *French:* l'éléphant *(m)*

A pirate story

Unregelmäßige Vergangenheitsformen

p.96

(to) get	**got** [gɒt]	gelangen, (hin)kommen	(to) sit	**sat** [sæt]	sitzen; sich setzen
(to) know	**knew** [njuː]	wissen; kennen	(to) take	**took** [tʊk]	nehmen; (weg-, hin)bringen
(to) run	**ran** [ræn]	laufen, rennen	(to) tell	**told** [təʊld]	sagen; erzählen

dark [dɑːk]	dunkel	It's very **dark** in here. I can't find my pen.

windy ['wɪndi]	windig	
wind [wɪnd]	Wind	
young [jʌŋ]	jung	young ◄► old
many ['meni]	viele	Poor Peter. He hasn't got **many** friends.
how many ...?	wie viele ...?	**How many** kids are in the SHoCK Team? – Five.

„viel", „viele"

viel	**How much** orange juice have we got? – We haven't got **much** orange juice, but we've got **lots of** milk.	
	Wie viel Orangensaft ...? – ... nicht **viel** Orangensaft, ... **viel** Milch.	
viel<u>e</u>	**How many** CDs have you got? – I haven't got **many** CDs, but I've got **lots of** computer games.	
	Wie viele CDs ...? – ... nicht **viele** CDs, ... **viele** Computerspiele.	

(to) **kill** [kɪl]	töten	
tonight [tə'naɪt]	heute Nacht, heute Abend	! heute Morgen = **this morning** heute Nachmittag = **this afternoon** heute Abend = **this evening** heute Nacht = **tonight**
p. 97 **for** three **days**	drei Tage (lang)	Sophie was in London **for five days** last year.
at last [ət 'lɑːst]	endlich, schließlich	Jack waited for a long time. **At last** Ananda came.
soon [suːn]	bald	It's my birthday **soon**. Let's have a party.

	when	als	

when

wann	**When**'s your birthday?	**Wann** hast du Geburtstag?
wenn	We can play cards **when** you come home.	Wir können Karten spielen, **wenn** du nach Hause kommst.
als	Jonah was scared **when** Mr Bonny saw him.	Jonah hatte Angst, **als** Mr Bonny ihn sah.

	beautiful ['bju:tɪfl]	schön	Ann Bonny was a **beautiful** woman.
	clear [klɪə]	klar, deutlich	*Latin:* clarus; *French:* clair, e
	sea [si:]	Meer, *(die)* See	
p.98	(to) **be cold** [kəʊld]	frieren	It was very windy, and I **was cold**. (= Ich fror. / Mir war kalt.)
	I don't think so.	Das finde/glaube ich nicht.	This is a great book. – **I don't think so.** I think it's boring.
	I think so.	Ich glaube (ja).	Is he from Germany? – **I think so**, but I'm not sure.
	line [laɪn]	Zeile	Do you know the second word in **line** 12? *French:* la ligne
	danger ['deɪndʒə]	Gefahr	*French:* le danger

Unit 6: Great places for kids

p.100	**kid** [kɪd]	Kind, Jugendliche(r)	
	near [nɪə]	in der Nähe von, nahe (bei)	**!** in der Nähe (von) = **near** (nicht: ~~In the near of~~): Our house is **near** the station.
	a long way (from) [weɪ]	weit entfernt (von)	a long way from ◄► near
	city centre [ˌsɪti 'sentə]	Stadtzentrum, Innenstadt	
	city ['sɪti]	Stadt, Großstadt	
	village ['vɪlɪdʒ]	Dorf	
	church [tʃɜːtʃ]	Kirche	
	bridge [brɪdʒ]	Brücke	
	(to) **enjoy** [ɪn'dʒɔɪ]	genießen	
	heart [hɑːt]	Herz	
	tower ['taʊə]	Turm	

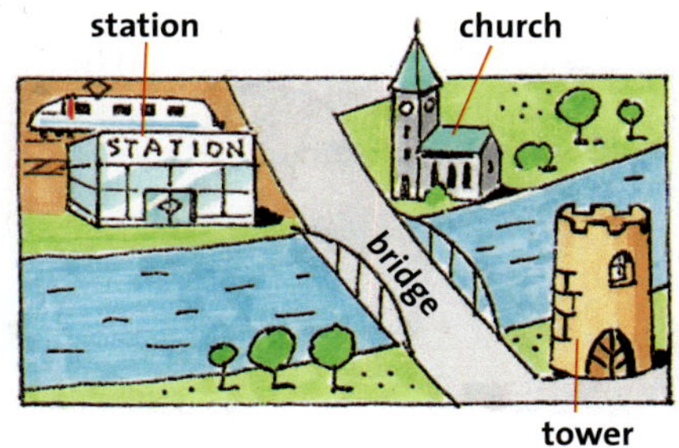

p.101	(to) **explore** [ɪk'splɔː]	erkunden, erforschen	It's very interesting to **explore** new places.
	(to) **touch** [tʌtʃ]	berühren, anfassen	Don't **touch** the cooker! It's hot.
	I'd like to go (= I would like to go)	ich würde gern gehen / ich möchte gehen	**I'd like to go** to the park this afternoon. What **would** you **like to do**?
	I wouldn't like to go	ich würde nicht gern gehen / ich möchte nicht gehen	**I wouldn't like to go** to the park. I'd like to watch a film on TV.

museum [mju'ziːəm]	Museum	*Latin:* museum; *French:* le musée
fun [fʌn]	Spaß	

fun

Riding **is fun**. (*Nicht:* ... ~~makes fun~~.)	Reiten **macht Spaß**.
Prunella **has fun** with Sophie.	Prunella **hat viel Spaß / amüsiert sich** mit Sophie.
Have fun!	**Viel Spaß!**
Just **for fun**.	Nur **zum Spaß**.

! The play was **fun**. — Das Theaterstück **hat Spaß gemacht**.

The play was **funny**. — Das Theaterstück **war lustig/witzig**.

	price [praɪs]	(Kauf-)Preis	*Latin:* pretium; *French:* le prix
p.102/A1	(to) **begin** [bɪ'gɪn] **(-nn-),** *simple past:* **began** [bɪ'gæn]	beginnen, anfangen (mit)	(to) start
	each [iːtʃ]	jeder, jede, jedes (einzelne)	There are six guests at the party, so we need six little presents – one for **each** of them.
	must [mʌst]	müssen	! **müssen** = **1.** have to; **2.** must (*have to* wird häufiger verwendet als *must*.)
	corner ['kɔːnə]	Ecke	

	(to) **agree (on)** [ə'griː]	sich einigen (auf)	We have to **agree on** a day for our party.
	middle (of) ['mɪdl]	Mitte	
	library ['laɪbrəri]	Bibliothek, Bücherei	
p.102/A2	**far** [fɑː]	weit (entfernt)	Is it **far** to the station? – Yes, it's a long way. It's too **far** to walk.
	(to) **be right**	Recht haben	! Ananda **hat Recht**. = Ananda **is right**.
	against [ə'genst]	gegen	against ◄► for
	free	kostenlos	
	step [step]	Schritt	The first **step** is to choose an interesting place.
p.103/A3	(to) **whisper** ['wɪspə]	flüstern	'I think there's a poltergeist in this house!' Jo **whispered**.
	that's why	deshalb, darum	She's a poltergeist. **That's why** you can't see her.
	loud [laʊd]	laut	loud ◄► quiet
	towards Mr Green [tə'wɔːdz]	auf Mr Green zu, in Mr Greens Richtung	
	What **are** you **going to** do?	Was wirst du tun? / Was hast du vor zu tun?	What **are** you **going to** do? – I'**m going to** follow Mr Green.
p.103/A5	(to) **take photos**	Fotos machen, fotografieren	Learn to **take photos** at the camera club!
	better ['betə]	besser	Your essay is good, but my essay is **better**.

(to) be/look **the same** [seɪm]	gleich sein/aussehen	All the cars in this museum **look the same.** the same ◄► different
the same ...	der-/die-/dasselbe ...; dieselben	Sophie and her friends are at **the same** school.
those [ðəʊz]	die (da), jene (dort)	

this, that – these, those

Wenn etwas **näher beim Sprecher** ist, verwendet man eher **this** und **these**.

Wenn etwas **weiter entfernt** ist, verwendet man eher **that** und **those**.

(to) **finish** ['fɪnɪʃ]	beenden, zu Ende machen; enden	Let's **finish** the exercise and read the text again. Lessons **finish** at 3.30 pm. *Latin:* finire (to) finish ◄► (to) start
(to) **smile** [smaɪl]	lächeln	
p.104/A 6 (to) **stick on** [ˌstɪk‿'ɒn], *simple past:* **stuck on** [stʌk]	aufkleben	First we **stuck** photos **on**. Then we put our poster on the wall.
at the moment ['məʊmənt]	im Moment, gerade, zurzeit	right now ! Betonung auf der 1. Silbe: **<u>mo</u>ment** ['məʊmənt]
presentation [ˌprezn'teɪʃn]	Präsentation, Vorstellung	*French:* la présentation

	(to) **present (to)** [prɪ'zent]	*(jm. etwas)* präsentieren, vorstellen	**Present** your ideas **to** the class. *Latin:* praesentare; *French:* présenter **!** Aussprache: (to) **present** [prɪ'zent] = präsentieren **the present** ['preznt] = **1.** das Geschenk; **2.** die Gegenwart
	you should ... [ʃəd, ʃʊd]	du solltest ... / ihr solltet ...	You **should** ask me first before you go out.
	careful ['keəfl]	vorsichtig	
	glue [gluː]	Klebstoff	
	(to) **suppose** [sə'pəʊz]	annehmen, vermuten	She's the boss, so I **suppose** she's right. *French:* supposer
p.104/A7	**nice and cool/clean/...**	schön kühl/sauber/...	Have a glass of lemonade. It's **nice and cool**.
p.105/A8	**one more**	noch ein(e), ein(e) weitere(r, s)	We need **two more** photos for the poster.
	to the front [frʌnt]	nach vorn	Go **to the front** and start your presentation.
	for lots of reasons	aus vielen Gründen	I ride my bike **for lots of reasons** – it's quick, it's fun, and it isn't expensive.

The Mr Green mystery

p.110	**key** [kiː]	Schlüssel	I can't open the door. I can't find my **keys**.
	(to) **be out** [bi‿'aʊt]	weg sein, nicht da sein	Dan **is out** – can you call back later?

	(to) **knock (on)** [nɒk]	(an)klopfen (an)	He **knocked on** the door and went in.
	(to) **be worried (about)** ['wʌrid]	beunruhigt sein, besorgt sein (wegen)	I'**m** very **worried about** the English test tomorrow.
p. 111	**hall** [hɔːl]	Flur, Diele	
	second ['sekənd]	Sekunde	60 **seconds** = 1 minute *French:* la seconde
	How do you know ...?	Woher weißt/kennst du ...?	**How do you know** my phone number?
	scared [skeəd]	verängstigt	
	(to) **be scared (of)**	Angst haben (vor)	My little brother **is scared of** poltergeists.
	(to) **turn on** the computer [ˌtɜːn‿'ɒn]	den Computer einschalten	
	(to) **turn off** the computer [ˌtɜːn‿'ɒf]	den Computer ausschalten	(to) turn on ◄► (to) turn off
	(to) **hurt** [hɜːt], *simple past:* **hurt**	wehtun; verletzen	Poor Ananda. She **hurt** her leg in a hockey match last week.
	(to) **cry in pain** [kraɪ], [peɪn]	vor Schmerzen schreien	Ananda **cried in pain** when she hurt her leg.
	(to) **lock** [lɒk]	abschließen, zuschließen	Please **lock** the door when you go outside.